L'EXPÉDITION DE L'OUED-GUIR

1870

RÉCITS MILITAIRES

PAR

ACHILLE FILLIAS

ALGER

TYPOGRAPHIE ET LITHOGRAPHIE A. BOUYER

23, RUE BAB-AZOUN, 23

1880

L'EXPÉDITION DE L'OUED-GUIR

1870

RÉCITS MILITAIRES

PAR

ACHILLE FILLIAS

ALGER
TYPOGRAPHIE ET LITHOGRAPHIE A. BOUYER
23, RUE BAB-AZOUN, 23

1880

RÉCITS MILITAIRES

L'ÉXPEDITION DE L'OUED-GUIR
1870

I

Dans le courant du mois de janvier 1870, les Oulad Sidi Cheikh, unis aux contingents marocains, firent irruption sur notre territoire et razièrent les Hamyan *(cercle de Sebdou)* auxquels ils enlevèrent 2.000 chameaux et 16.000 moutons. Ce hardi coup de main, que nos goums n'avaient pu réprimer, jeta l'épouvante dans le pays. Presque toutes les tribus du Sud-Ouest, redoutant une nouvelle invasion, se préparèrent à émigrer ; les unes voulaient chercher un refuge dans le Tell, les autres se disposaient à passer à l'ennemi.

La situation était d'autant plus grave que les chefs des Oulad-Sidi-Cheïkh, Si-Kaddour-ben-Hamza et El-Hadj-El-Arbi, fils aîné de Ben-Taïeb (1), venaient de rallier à leur cause la puissante confédération des

---

(1) La famille des Sidi-Cheïkh, issue d'un marabout qui vivait au XVIe siècle, exerce sur les tribus sahariennes de l'Ouest une influence politique et religieuse considérable ; elle se divise en deux branches :

1° Les Sidi-Cheïkh-Cheragas, ou de l'Est qui sont *algériens :* — après avoir fait leur soumission, en 1845, ils s'insurgèrent en 1864 et se réfugièrent au Maroc, où ils sont restés ; ils avaient, en 1870, et ils ont encore aujourd'hui pour chef Si-Kaddour-ben-Hamza, cinquième fils de Sidi-Hamza, notre ancien Khalifa d'Ouargla, mort à Alger en 1861 ;

2° Les Sidi-Cheïkh-Gharabas, ou de l'Ouest, sujets *marocains,* qui avaient pour chef, en 1870 : Sidi-Cheïkh ben-Taïeb, mort en 1871.

Zegdou, et qu'ils avaient ainsi en pays marocain un refuge assuré contre nos troupes. Depuis que le général de Martimprey était allé châtier les Beni-Snassen (octobre 1859), aucune colonne française n'avait, en effet, franchi la frontière et nos turbulents voisins croyaient pouvoir, en toute sécurité, continuer leurs brigandages.

Le général de Wimpffen, qui commandait la province d'Oran, résolut de mettre ordre à cet état de choses, et il demanda l'autorisation de rejeter dans l'Ouest les bandes de Si-Kaddour. Le Gouverneur général (Maréchal de Mac-Mahon), transmit au Ministre de la guerre la demande de son lieutenant et la question fut portée devant l'Empereur.

Or, l'horizon politique était déjà sombre; partout, en Europe, on pressentait une guerre prochaine entre l'Allemagne et la France, et l'Empereur hésitait à engager une partie de l'armée d'Afrique dans une expédition qui pouvait inquiéter la cour de Fez et froisser les susceptibilités de la Grande-Bretagne: on temporisa.

Le général de Wimpffen revint à la charge: il établit, dans un rapport circonstancié, que les deux branches de la famille des Sidi-Cheïkh, oubliant leurs anciennes divisions, faisaient converger tous leurs efforts vers un seul but: *la guerre aux chrétiens;* qu'elles avaient coalisé contre nous les habitants des oasis et les nomades, et qu'il était urgent de briser cette coalition, menaçante pour nos tribus des Hauts-Plateaux, peut-être, même, pour nos établissements de la lisière du Tell. Le Général déclarait, enfin que les tribus sahariennes de sa province, inquiètes de notre inaction, prêtaient complaisamment l'oreille

aux excitations des marabouts, et qu'elles se joindraient certainement aux insurgés si nous hésitions plus long-temps à les couvrir d'une efficace protection. Cette dernière considération frappa tout particulièrement l'esprit de Napoléon, et le Général reçut l'ordre d'entrer en campagne.

Cet ordre, toutefois, était accompagné de prescriptions qui rendaient singulièrement difficile la mission dont M. de Wimpffen était chargé : on voulait bien relever notre prestige un instant compromis, et prouver aux indigènes que toute rébellion, d'où qu'elle vint, serait promptement réduite ; mais on voulait encore, on voulait par dessus tout, ménager l'orgueil de l'Empereur du Maroc et dissiper les craintes que devait faire naître en France une nouvelle prise d'armes. Cette double préoccupation se retrouve à chaque ligne dans la correspondance échangée entre le Ministre de la guerre et le Maréchal de Mac-Mahon. C'est ainsi que le général Le Bœuf, insistant sur les instructions qu'il avait précédemment données, écrivait au Gouverneur, à la date du 13 mars :

« L'Empereur pense que, dans l'état actuel des
« esprits, une expédition qui ne paraîtrait pas sérieu·
« sement motivée pourrait produire le plus fâcheux
« effet sur l'opinion publique. Tenez donc la main à ce
« que le général de Wimpffen ne s'engage pas légère-
« ment, que son mouvement ait pour but de rassurer
« et protéger nos tribus sahariennes et qu'il tienne un
« compte sérieux des observations contenues dans ma
« dépêche du 11 courant. Écrivez-moi à chaque cour-
« rier pour me tenir au courant des opérations. »

Le Gouverneur général, de son côté, appuyait sur

la nécessité d'éviter tout conflit avec le gouvernement Scheriffien :

« Limitez vos opérations autant que possible, disait-il au Général *(Lettre du 17 mars) ;....* souvenez-vous que les Zegdou sont marocains, et que nous n'avons pas de contribution de guerre à leur imposer. Si vos goums sont assez forts pour agir par eux-mêmes, employez-les plutôt que des troupes régulières. » Et il terminait par cette recommandation : « *Restez le moins possible sur le territoire marocain.* »

En même temps, et pour ne laisser place à aucune équivoque, le Maréchal annonçait au Ministre de France à Tanger le mouvement offensif de nos troupes et le priait d'en instruire par voie diplomatique le grand vizir de Mouley-Mohamed :

« .... M. le Général commandant la province d'Oran, écrivait-il, le 1ᵉʳ avril, à M. Aymé d'Aquin, ne passera la frontière marocaine, qu'autant qne les renseignements qu'il aura sur place lui montreraient la possibilité d'atteindre les campements des rebelles et de les enlever ; il n'agira point contre les tribus de la confédération des Zegdou, bien que ces tribus aient toujours fourni des contingents à Si-Kaddour, chaque fois qu'il a envahi notre territoire ; il leur a fait connaître par une proclamation qu'il respecterait le traité qui nous lie avec l'Empereur du Maroc ; il a ajouté, toutefois, que s'il les rencontrait avec les rebelles, il ne pourrait, au jour de la razia, faire entre eux une distinction et les châtierait ensemble.

« Les opérations de M. le général de Wimpffen dureront probablement six semaines, ou deux mois.

« Vous jugerez peut-être bon d'en informer le Gouvernement de Sa Majesté Schériffienne, en lui faisant connaître le but que nous poursuivons *et le désir que nous avons de ne pas avoir une affaire avec les populations qui lui appartiennent.* »

Ainsi donc, ce que le Ministère se décidait à permettre, c'était moins une *expédition* qu'une *démonstra-*

tion, tout projet d'extension du territoire algérien étant rigoureusement écarté.

C'était pousser à l'excès l'esprit de condescendance. Les tribus dont nous avions à nous plaindre sont, en effet, depuis des siècles, en hostilité ouverte avec les autorités marocaines : l'Empereur n'est à leurs yeux que le chef de l'Islamisme. Respectueuses de son autorité pour tout ce qui touche à la foi religieuse, elles se tiennent pour affranchies de toute soumission à l'égard du commandement et, maîtresses d'un territoire sur lequel les Maghzen n'ont jamais pénétré, elles se plaisent à braver les ordres que leur donne un souverain dont elles se déclarent indépendantes.

Les appréhensions que manifestaient le Ministre de la guerre et le Gouverneur général pouvant, dans une circonstance donnée, paralyser son action, M. de Wimpffen déclara loyalement qu'il désespérait d'atteindre par une démonstration « purement pacifique » le résultat sérieux et durable qu'on prévoyait à Paris : son devoir, toutefois, était d'obéir ; il obéirait donc ; Et il en prenait l'engagement dans la dépêche qu'il adressait, le 18 mars, au Maréchal de Mac-Mahon, et qu'il terminait ainsi :

« Je prendrai seulement, ainsi que me l'a précisé Votre Excellence, les mesures propres à prévenir tout insuccès ; je n'exigerai rien d'oasis susceptibles de présenter une résistance compromettante ; enfin, j'agirai à la fois avec prudence et adresse, ainsi qu'on doit l'attendre d'un vieil africain habitué aux indigènes et ayant pour lui une longue expérience de leurs qualités et de leurs défauts. »

A l'époque dont nous parlons, les troupes stationnées en Algérie étaient toujours sur le qui-vive, prêtes à marcher au premier signal. La colonne expéditionnaire fut donc rapidement organisée : Elle devait comprendre, sous l'action directe du commandant en chef, une brigade de cavalerie *(général de Colomb)* et une brigade d'infanterie *(général Chanzy)*, soit, au total, 10 escadrons de cavalerie, 14 compagnies d'infanterie et 2 sections d'artillerie.

Après avoir, par une proclamation datée de son quartier général, fait connaître aux oasiens qu'il allait poursuivre jusque sur leur territoire les bandes insurgées de Si-Kaddour, le général de Wimpffen partit d'Oran, avec son escorte, le 19 mars : le 24 il arrivait à Aïn-ben-Khelil, après avoir campé :

Le 20, à Tarziza, au fond de la vallée de Raz-El-Ma ;
Le 21, à El-Kermel-Ghedir, sur l'Oued-El-Armel ;
Le 22, aux Oglats-El-Nadja, au S.-E. du Chott-Rarbi ;
Le 23, à Djenan-El-Adann, près de Teniet-El-Schikka, où il ralliait la troupe du colonel de Lajaille, auquel il donnait la mission de gagner, au S.-O., le Chott de Tigri, pour, de là, se porter à la rencontre de nos dissidents.

Le 24 au soir, après une marche pénible sur une route pierreuse, à travers un pays aride où l'on trouve tantôt des dunes de sable et tantôt des surfaces crayeuses, il atteignait Ben-Khelil, à 80 lieues Sud d'Oran, où les deux colonnes appelées à faire partie de l'expédition devaient se concentrer. La colonne ainsi formée comptait environ 3,000 hommes, non compris les goums ; 350 bêtes de somme portaient l'eau et les vivres (1).

Les quatre journées qui suivirent, — celles du 25 au 29, — furent consacrées aux derniers préparatifs et à recueillir des renseignements sur l'état du pays qu'on allait parcourir.

Le Général fut promptement fixé sur l'accueil que lui réservaient les Marocains. Les gens des oasis, aussi bien que les nomades, étaient résolus à lui opposer une résistance énergique ; non seulement ils refusaient d'abandonner les Sidi-Cheïkh, mais ils se déclaraient prêts à nous combattre sans trève ni merci. Les *Zegdou*, disait-on, avaient pris les devants : ils accouraient pour barrer le passage à nos troupes et leur livrer bataille. Or, les Zegdou, redoutés de Tunis au Maroc, pouvaient mettre en ligne 20.000 guerriers.

Cette confédération, la plus puissante du Sud-Ouest marocain, était formée de trois tribus, ayant leur constitution propre, mais liées entre elles par une communauté d'intérêts, les Beni Guill,— les Oulad-Djé-rir, — et les Douï-Menia, auxquels se joignaient dans certains cas les Ouled-Ahmour et les Brabers.

II.

Les Beni Guill descendent des Beni-Hassen, qui habitaient autrefois le Sahara Marocain.

---

(1) L'effectif ne dépassa guères 3.000 hommes. Il comprenait, outre l'Etat-major général et les corps spéciaux, des détachements fournis par les régiments ci-après : 2ᵉ zouaves ; 2ᵉ tirailleurs algériens ; 2ᵉ et 4ᵉ chasseurs d'Afrique ; 1ᵉʳ régiment de chasseurs de France ; 2ᵉ spahis. — A la fin de la campagne (27 avril), la situation numérique des troupes de toutes armes était établie comme suit : Officiers, 138 ; — sous-officiers et soldats, 2.735 ; — chevaux 1.656.

Il y a un siècle, environ, et après deux années consécutives d'extrême sécheresse, les Beni-Hassen émigrèrent en masse vers le Nord. — Un jour que la chaleur était intense, une fraction de la tribu fit halte pour se reposer quelques heures. La pluie survint, puis continua, rendant le départ impossible : il fallut attendre. Bientôt, cependant, sous son action bienfaisante, les pâturages reverdirent et la campagne aride la veille se transforma comme par enchantement. Le chef du douar y fixa ses tentes. — Les Beni-Hassen, qui avaient gagné le Tell, donnèrent à la tribu séparatiste le nom de Beni Guill (*Enfants de la Sieste),* et ce nom lui est resté.

Les Beni Guill, aujourd'hui divisés en deux grandes familles — les Beni-Goumen et les Beni-Goumrassen, comptant ensemble près de 8.000 âmes, — occupent la partie du Sahara Marocain comprise entre le Tell, au Nord, les montagnes des Brabers, à l'Ouest, notre frontière, à l'Est, Figuig et Tafilala, au Sud. Ils possèdent de nombreux troupeaux, font un commerce régulier d'échanges avec le Tafilala, et ont pour Ksours-magasins : Aïn-Chaïr, à l'Ouest de la plaine de Timelelt, Bou-Khaïs, au Sud d'Aïn-Chair, Moughol et Sfisiffa, à l'Est.

Au demeurant, hardis et pillards, toujours prêts aux coup-de-mains, ils vivent en pleine indépendance.

Les Oulad-Djérir font partie de la tribu des Hamyan Gharabas qui, chassée de l'Oued-Guir par les Douï-Menia, s'établit, il y a un siècle, au sud des Beni-Guill. Moins nombreux, mais non moins pillards que leurs voisins, ils sont toujours en quête d'aventures, et c'est chez eux que se réfugient de préférence ceux de nos Sahariens qui ont fait défection.

Les Douï-Menia viennent de l'Ouest : leurs campements s'étendaient, prétendent les tolbas, de la ville de Sous aux rives de l'Océan. Comme les Beni-Guill, ils émigrèrent pour échapper aux étreintes de la famine. Après une longue journée de marche à travers des steppes désolés, le douar qui formait l'avant-garde allait planter ses tentes, lorsque, tout à coup, les troupeaux s'élancèrent au grand trot dans la direction du Levant, d'où la brise apportait l'odeur des herbes vertes. Les bergers suivirent leurs traces et les trouvèrent, plusieurs jours après, repus et couchés dans les gras pâturages que féconde l'Oued-Guir. La tribu, aussitôt prévenue, se hâta d'accourir, et c'est là même qu'elle se fixa. Telle est la légende.

Ce territoire appartenait aux Hamyan : les Douï-Menia les en chassèrent. Quand ils furent maîtres incontestés du pays, ils allièrent à leur fortune ceux qu'ils avaient refoulés vers le Nord et formèrent ainsi avec leurs ennemis de la veille cette association redoutable désignée sous le nom de Zegdou et qui, nous l'avons dit, était encore, il y a quelques années, la terreur des caravanes (1).

Telle qu'elle est maintenant constituée, la tribu des Douï-Menia comprend cinq fractions qui occupent, au Sud de Figuig, les plaines traversées par l'Oued-Guir, un des cours d'eau les plus considérables de cette région.

L'Oued-Guir descend de l'Atlas : il émerge du versant Sud d'un massif dont le versant Nord donne également naissance à la Moulouia : il court dans

---

(1) Voyez. *Notice sur les Oasis du Sahara*, par L. DE COLOMB ; Paris, 1860.

la direction du Sud-Est et se jette dans l'Oued-Zourfana, au-dessus d'Igli :

Dans la première partie de son cours, ses eaux limpides roulent sur un terrain rocheux ; son lit est étroit, mais de petits barrages assurent de précieux moyens d'irrigation aux Ksours qui l'avoisinent. A partir de Djerf-el-Torba, il s'élargit peu à peu, pour apparaître sous l'aspect d'un véritable fleuve aux eaux rapides et profondes ; ses bords sont couverts de tamarix, et, sur différents points, les plaines qu'il arrose sont soigneusement cultivées : on y retrouve, outre le blé et l'orge, un certain nombre de plantes légumineuses et herbacées. On évalue à 80.000 le nombre des habitants de la vallée et à 50.000, environ, celui des oasiens et des nomades : soit, dans la zone comprise entre l'Oued-Guir et notre frontière, une population de 130.000 âmes, au moins.

Le pays est fertile : sa principale richesse consiste en céréales et en troupeaux. Les récoltes y sont généralement abondantes, grâce aux crues périodiques de l'Oued-Guir et à un système de canalisation très-habilement organisé. Le climat, salubre pendant l'hiver, devient meurtrier pendant les chaleurs : Dès le mois de juin, les sédentaires vont s'installer sur les plateaux voisins ; quelques fois même ils conduisent leur bétail jusqu'aux rives du Zourfana et de l'Oued-Bou-Dif, à l'Est.

Le point défensif de la contrée est EL-BAHARIAT *(les petites mers)*, nom sous lequel on désigne la vaste étendue que couvrent en cet endroit les eaux du fleuve : « Sur une largeur qui atteint dix kilomètres et une longueur d'au moins vingt-cinq, dit le général de Wimpffen dans son rapport, un faisceau considérable de canaux et de bras de rivière arrose de grands espaces couverts de céréales. Les Tamarix qui, à l'exclusion de tout autre arbre, croissent sur ce terrain en quantité telle qu'ils forment sur certains points de véritables forêts, donnent, avec leurs bois, les éléments de barrages qui dérivent les eaux dans toutes les directions. Les clairières, laissées libres dans les intervalles de cette vigoureuse végétation, sont toutes cultivées, à l'exception cependant du milieu de la vallée, où s'élève une ligne de hautes dunes de sables. »

Au Sud, et à sept kilomètres de Bahariat, se trouve El-Toumiat : entre ces deux localités, la vallée est également sillonnée de canaux d'irrigation sur une longueur de cinq à six kilomètres.

Les Douï-Menia sont en relations fréquentes avec le Gourara : leurs caravanes mettent quinze jours au plus à faire le trajet ; elles en mettent dix-huit pour se rendre au Touat en suivant le cours de l'Oued-Guir, qui prend successivement les noms de *Oued-Sahoura* et de *Oued-Messaoud*. Toute caravane étrangère munie d'un sauf-conduit *(Zetata)* délivré par la Confédération voyage en pleine sécurité. (1).

Telles sont, dans leur ensemble et avec leur physionomie propre, les trois grandes tribus que nos troupes avaient à soumettre : — encore faut-il ajouter que ces tribus pouvaient compter en cas de besoin sur le concours actif et dévoué des habitants de Figuig, leurs alliés naturels.

L'Oasis de Figuig appartient, en effet, à l'Empire des Schériffs : située à proximité de notre frontière, à

---

(1) Lettre du général de Wimpffen au Président de la Société de Géographie de Paris. *(Bulletin de janvier 1872).*

l'Est des Djérir, elle est, tout à la fois, le centre commercial le plus important et le point stratégique le moins attaquable du Sahara marocain. Onze K'sours, dont neuf, au Nord, échelonnés de l'Est à l'Ouest, et deux, au Sud, en dehors du mur d'enceinte, protègent son territoire *(2.400 hectares environ),* tout couvert de palmiers et de jardins abondamment irrigués. Sa population normale est de dix mille âmes; mais elle s'est accrue, depuis 1864, d'un certain nombre de familles algériennes (plus de 300, au dire du général de Ligny) attachées à la fortune des Sidi-Cheïkh et qui, presque toutes, vivent de pilleries. Cette population se trouve donc ainsi formée de deux éléments distincts : des Figuiens, proprement dit, gens de négoce pour la plupart, et de nos dissidents, auxquels se réunissent à l'occasion tous les coupeurs de routes.

La présence de nos troupes dans ce pays jusqu'alors inviolé pouvait, en surexcitant le fanatisme des K'souriens, donner à l'insurrection un caractère éminemment religieux ; il fallait donc, pour briser au début la résistance, aller vite et frapper fort. — Ainsi fit le général de Wimpffen.

III.

La colonne partit de Ben-Khelil le 29 mars et se dirigea vers le Sud-Ouest, en suivant l'itinéraire que nous indiquons ci-après *(Voy. la carte).* Le 1er avril, elle passait la frontière et arrivait le lendemain soir à Souf-El-Kesser, à l'entrée de la plaine de Timlelt, ayant ainsi parcouru une distance de 116 kilomètres en cinq étapes.

La plaine de Timlelt, limitée au Nord par le massif

du Djebel-Lakdar et au Sud par celui du Djebel-Grouz, a une largeur moyenne de 25 kilomètres et s'étend, de l'Est à l'Ouest, depuis Souf-El-Kesser jusqu'aux approches de Mengoub. Le sol en est fertile ; les Beni-Guill, qui la cultivent en certaines de ses parties, y récoltent de l'orge. On y trouve également, et en abondance, divers produits alimentaires, au nombre desquels nous citerons : une plante qui rappelle absolument, par le goût et la forme, l'oseille de nos jardins ; — une herbe alliacée comme la ciboulette d'Europe, — et une sorte de truffe blanche *(Terfes)* qui croît dans le sable et se rapproche beaucoup de la pomme de terre. On y rencontre aussi des reptiles : la vipère cornue *(Leufah)*, dont la morsure est presque toujours mortelle, et d'énormes lézards *(Dheb)* dont les arabes mangent volontiers la chair.

Deux jours avant l'arrivée de la colonne à Souf-El-Kesser, le colonel de Lajaille, qui revenait du Chott-Tigri, avait en débouchant dans la plaine *(31 mars)* rencontré les Beni-Guill : trois cents cavaliers et autant de fantassins rangés en bataille protégeaient la retraite des troupeaux, que leurs gardiens chassaient vers le Djebel-Grouz.

Le colonel, se conformant aux instructions qu'il avait reçues, voulait rester sur la défensive : il s'avança donc, au petit trot, après avoir massé sa cavalerie, pour appuyer, s'il en était besoin, le lieutenant Magne, chef du Bureau arabe de Sebdou, qui avait pris les devants pour rassurer les fuyards. M. Magne commandait les goums : quand il fut à portée de fusil des marocains, il détacha vers eux le Caïd des Hamyan, avec mission de leur faire connaître qu'ils n'avaient rien à redouter, les français n'étant en guerre qu'avec les Oulad-Sidi-Cheïkh.

Le Caïd, Si Ben-Bekeur Ould-Mimoun, se présenta seul devant les Beni-Guill : avant même qu'il eût ouvert la bouche, leur chef, Si Maamar, l'un des fils de Ben-Taïeb, s'élança vers lui et le couvrit d'injures. Comme notre parlementaire se retirait, les marocains firent feu. Ce fut le signal de la lutte.

Les Hamyan se ruèrent au galop de charge sur l'ennemi, qu'ils écharpèrent en un clin d'œil : cinquante cavaliers des Beni-Guill restèrent sur place, et parmi eux on reconnut, mortellement blessé, le frère aîné de Si Maamar, Sidi Mouley Ferhat ; les autres s'enfuirent vers la montagne, abandonnant à nos goums 150 tentes, 70 juments harnachées et plus de 2.000 moutons.

Le terrain était déblayé : le colonel de Lajaille poursuivit tranquillement sa route, et le surlendemain il ralliait la colonne à Souf-El-Kesser.

La mort de Mouley-Ferhat compliquait la situation : on devait, en effet, s'attendre à voir toutes les tribus du Sud-Ouest accourir en foule à la suite de Ben-Taïeb et se joindre aux Douï-Menia. Or, pour résister à un choc pareil, notre colonne était, numériquement, bien faible !.. Le général de Wimpffen, pressentant ce péril, ne voulut point laisser au vieux marabout le temps de rassembler ses bandes : il fortifia son corps d'armée des 400 tirailleurs qui étaient aux ordres de M. de Lajaille, puis sans plus tarder, reprit sa marche tandis que le Colonel retournait à Ben-Khelil avec sa cavalerie, dans le double but de couvrir nos sahariens et d'assurer le ravitaillement de la colonne expéditionnaire.

La plaine de Timlelt fut rapidement franchie : parties de Souf-El-Kesser le 3 avril au matin, nos troupes arrivaient le 6 à Mengoub, après avoir campé : le 3, à El-Médiourat; le 4, à Aïn-Defla; et, le lendemain, 5, à Hassi-Badda.

On avait jusque-là suivi l'itinéraire tracé, quelques années avant, par le capitaine Dastugue; mais en quittant les puits de Mengoub la colonne s'avançait dans un pays encore inexploré. Le 7, on bivouaquait sur les bords de l'Oued-Morra, dont les eaux vont se jeter dans l'Oued-Guir; le lendemain, 8, on atteignait Bou-Khaïs, principal entrepôt des Beni-Guill.

Garantie des vents du nord par le massif auquel elle est adossée, cette oasis embrasse près de cinquante hectares couverts de magnifiques palmiers et de jardins semés d'orge et de blé; un K'sar aux murailles crénelées et solidement construit offrait à sa population un refuge facile à défendre : on croyait donc à une résistance désespérée de la part des habitants. Il n'en fut rien : tous, jeunes et vieux, avaient abandonné la place.

Or, Bou-Khaïs, pourvu d'eau aussi bien que de vivres et situé à cinq journées d'El-Bahariat, présentait les ressources les plus précieuses pour l'établissement d'un poste-caserne. Le général de Wimpffen y laissa, sous les ordres du capitaine du génie Pamard, quatre officiers, cent soixante-dix fantassins et une partie de ses impedimenta (hommes et animaux); puis, ainsi allégé, il gagna péniblement, à travers des dunes de sable, le plateau dénudé d'Oum-Es-Sbah.

Le 10, il était à Kenatsa, K'sar moins bien doté que Bou-Khaïs, en eaux et en palmiers, mais plus commerçant. La population de cette oasis, dont un quartier est uniquement occupé par des Juifs, est de 2.000 âmes : elle ne possède que peu de terres cultivables et vivrait dans la misère la plus profonde, si elle ne trouvait un élément de prospérité relative dans le trafic continuel qu'elle fait avec le Tafilala et les gens de l'Oued-Guir.

La tribu est soumise depuis plusieurs siècles à l'autorité directe de marabouts affiliés à l'ordre de Sidi-Mohamed Bouzian, qui compte de nombreux adeptes dans le Tell algérien. Elle vint en masse au-devant de la colonne, affirmer par de pacifiques démonstrations l'esprit qui l'animait et fit apporter au camp, comme gage de tacite soumission, une plantureuse diffa, cent sacs d'orge et de blé et 300 moutons.

En quittant ce K'sar (11 avril), le Général se dirigea sur Djerf-El-Torba, où l'Oued-Guir coupe le chemin qui conduit de Figuig au Tafilala. La marche avait été pénible ; mais quel magnifique tableau s'offrit aux troupes, quand elles s'arrêtèrent !.. — « A Djerf-El-Torba, écrivit, depuis, le général, la vallée s'ouvre et présente les premières cultures étendues. Le fleuve, dont le lit démesurément large est obstrué çà et là de bancs de sable et bordé de tamarix, roulait à notre arrivée un gros volume d'eau rapide et limoneuse, et, pour des imaginations françaises cherchant partout l'image de la patrie, avait l'aspect de certaines parties de la Loire. » — Un fleuve en plein Sahara !.. C'était pour nos soldats le renversement de toutes leurs idées sur la constitution géologique du « *Pays de la soif* » ; aussi témoignaient-ils par de bruyantes exclamations la joie que leur causait ce spectacle inattendu.

De Djerf-El-Torba, on s'achemina vers Kreneg-ben Nouna, à travers un pays montagneux et difficile ; le lendemain, 13 avril, la colonne arrivait enfin devant

El-Bahariat, un peu fatiguée, mais confiante en ses chefs et pleine d'ardeur.

Les Douï-Menia et les Sidi-Cheïkh s'étaient retirés en arrière du fleuve, avec leurs familles et leurs troupeaux : protégés par les canaux gonflés des eaux de la dernière crue et couverts par un épais rideau de tamarix, huit mille d'entre eux s'étaient fortement établis sur une ligne de dunes qu'ils considéraient comme inexpugnable et couvraient une population de 40.000 âmes. On touchait au moment décisif.

Le général de Wimpffen voulut, avant d'engager l'action, éclairer les marocains sur les dangers auxquels ils s'exposaient en le traitant en ennemi ; il dépêcha donc près d'eux un marabout des Kenatsa, pieux et vénéré personnage qui s'était offert de lui-même à porter aux Douï-Menia des paroles de conciliation. Mais ce qui était de la part du géneral un acte d'humanité fut considéré par les Djemaâs comme une preuve de faiblesse. Les chefs rudoyèrent l'homme de Dieu et le renvoyèrent, pâle et tremblant, avec cette réponse :

« *Va dire au Général que nous avons compté le nombre de ses soldats ; et puisqu'il a commis la folie de venir jusqu'à nous, qu'il ait du moins la sagesse de fuir au plus vite.*

« *S'il a des ailes, qu'il fende les airs ; s'il a des jambes de gazelle, qu'il reprenne sans retard la route qu'il a parcourue : car s'il nous donne le temps de l'atteindre, ni lui, ni ses soldats, ne reverront la terre occupée par des chrétiens !.* »

— Oh ! Oh ! fit M. de Wimpffen, quand le marabout cessa de parler, cela promet ; puis s'adressant aux officiers qui l'entouraient : « Voilà peut-être des hommes, leur dit-il, et je crois bien que la bataille sera chaude !... »

Après avoir consacré toute la journée du 14 à la reconnaissance du terrain, le Général arrêta son plan d'attaque : tandis que les zouaves, sous la conduite du lieutenant-colonel Détrie, aborderaient le centre de la position, les généraux de Colomb et Chanzy devaient, simultanément, menacer les deux extrémités.

Le 15, à trois heures du matin, la troupe était sur pieds : chaque escouade plia ses tentes ; les bagages et le convoi furent laisssés à la garde de quelques compagnies d'infanterie, soutenues par un gros de cavaliers, puis la colonne se forma pour le combat.

Le général était au centre : au moment de lancer les zouaves, il leur fit former le cercle autour de lui, leur rappela comment ils devaient marcher et combattre, — après quoi, leur montrant de son épée les dunes rouges :

— Nous allons avoir, dit-il en terminant, une rude journée : beaucoup d'entre vous ne me reverront plus. Adieu donc, et à l'assaut !...

— Vive la france ! répondirent les zouaves, et ils se précipitèrent à l'attaque des bois (1). — Ici, je laisse la parole à l'un des acteurs du drame :

« La fusillade commence. Bientôt à la crépitation non interrompue du chassepot se mêle la voix des obusiers que dominent souvent les cris sauvages des Berbères.

« Le combat offrait alors un spectacle grandiose et

---

(1) Voy *Moniteur de l'Algérie*, avril et mai 1870.

terrible. L'acharnement des Douï-Menia et des contingents, le calme relatif des soldats français répondant aux injures par une fusillade non interrompue, les cris des arabes blessés par la balle tronc-conique et perforante du nouveau fusil ; la stupéfaction des Berbères qui se voyaient atteints par les projectiles à des distances où ils se croyaient à l'abri de tout danger, enfin la marche rapide des zouaves montant à l'assaut des montagnes de sable, sans s'inquiéter des vociférations et des défenseurs, tout contribuait à rendre ce tableau à la fois effrayant et sublime !. »

Un moment, le lieutenant-colonel Détrie et les officiers qui l'entouraient furent gravement compromis : emportés par leur ardeur, ils se virent tout-à-coup isolés du bataillon et assaillis par une nuée de cavaliers. Ils allaient infailliblement succomber sous le nombre, quand le lieutenant Genty accourut avec sa compagnie et soutint, pendant une demi-heure, une lutte héroïque à laquelle mit fin l'arrivée de nouveaux renforts sous la conduite du capitaine Létondot.

Vers la fin de la journée, on se battait encore sur toute la ligne ; à la gauche, les goums de nos dissidents, aux prises avec les chasseurs d'Afrique, brûlaient leurs dernières cartouches autour du corps de leur chef, qui gisait, inanimé, dans une mare de sang ; au centre, les zouaves enlevaient les dernières positions, et, sur la droite, le général Chanzy refoulait, en menaçant leur retraite, les contingents des Ouled-Sliman.

A cinq heures, tout était fini : les Douï-Menia se rendaient sans conditions et remettaient à titre d'ôtages, onze notables de leur tribu.

Le 17, au matin, le général de Vimpffen était de

retour au bivouac d'El-Bahariat, et il en repartait presque aussitôt pour marcher sur Aïn-Chaïr.

Le combat du 15 avril n'avait point, en effet, tranché toutes les difficultés : les Ouled-Djérir et les Beni-Guill considérant comme certain le triomphe de leurs alliés s'étaient tenus à l'écart et battaient la campagne pour leur propre compte. C'est ainsi qu'ils s'étaient rués plusieurs fois de suite à l'assaut de Bou-Khaïs, sans pouvoir l'entamer.

Grâce à son énergie et au courage de ses hommes, le capitaine Pamard avait pu repousser ces attaques ; mais le nombre des assaillants augmentait de jour en jour, et un désastre était à prévoir. M. de Wimpffen modifia donc son itinéraire, et, remontant vers l'Est, il gagna Kenatsa par la route plus directe de l'Oued-Bou-Dif. Le 22, il campait devant Bou-Khaïs, démantelait le K'sar et s'élançait à la poursuite des marocains qui, la veille même, avaient encore assailli la garnison.

Mais ni les Beni-Guill, ni les partisans de Ben-Taïeb ne voulaient courir les risques d'une bataille en rase campagne. La défaite des Douï-Menia les avait rendus prudents, et ils se replièrent en toute hâte sur Aïn-Chaïr dont le K'sar aux larges murailles défierait, pensaient-ils, le feu de notre artillerie.

La colonne les y suivit : en passant à Mengoub, elle rencontra le convoi que lui amenait le colonel de Lajaille ; mais au moment même où il voyait ainsi grossir l'effectif de ses troupes, le commandant en chef recevait du maréchal de Mac-Mahon la dépêche suivante :

« J'ai reçu votre lettre du 3 avril sur le combat du 31 mars ; j'admets que vous restiez sur le territoire marocain aussi longtemps que vous croirez avoir chance d'y joindre nos dissidents, ou bien d'entrer en arrangements avec les tribus marocaines de la frontière. Toutefois, il y a un inconvénient grave à y séjourner, cette circonstance pouvant permettre à nos dissidents de rassembler contre nous des forces considérables, en excitant les populations marocaines, même éloignées de la frontière.

« Le Gouvernement n'admettrait point que, par suite d'un séjour prolongé dans un pays dont nous devons respecter le territoire, et où nous ne pouvons pénétrer que pour atteindre les Algériens insoumis, vous l'engagiez dans des opérations de nature à nous amener des complications avec le gouvernement marocain. »

Le Maréchal renouvelait ainsi, mais en les accentuant, les recommandations qu'il avait faites le 17 mars, — celles de ménager le plus possible les susceptibilités de la Cour de Fez. Le général de Wimpffen se trouvait donc placé dans cette alternative : ou châtier les Beni-Guill, en raison de leurs méfaits, sans tenir compte des ordres du Maréchal, — ce qui constituait une infraction grave à la discipline militaire, — ou reprendre le chemin du Tell sans avoir obtenu des insurgés la plus légère réparation, — ce qui serait à leurs yeux un aveu d'impuissance et décuplerait infailliblement leur audace.

Le général pensa qu'il lui serait possible de concilier les exigences du Maréchal et l'honneur de nos armes et il se dirigea sur l'oasis, dans l'espoir qu'à la vue de la colonne les habitants viendraient d'eux-mêmes à composition. Le 24, il se présentait devant Aïn-Chaïr et prenait position.

L'oasis, enveloppée de dattiers à l'Ouest, au Sud et à l'Est, était aisément défendable ; le K'sar, abordable par le Nord, mais protégé par un mur d'enceinte sur lequel se dressaient, de distance en distance, de hautes tours crénelées, mettait la population à l'abri d'un coup de main et pouvait être, en un clin d'œil, barricadé d'un bout à l'autre. Les Beni-Guill se croyaient donc hors de danger : — Ils le croyaient si bien, qu'ils répondirent sur le ton de la menace et du mépris au message tout pacifique que leur adressa le général. Il fallut en finir.

Dans la matinée du 25, les troupes cernèrent la place, et, vers les trois heures du soir, elles prirent l'offensive sur quatre points différents. L'attaque fut vive, la défense acharnée : c'était sur toute la ligne un bruit étourdissant de mousquetterie. Mais dès que les zouaves eûrent franchi les premiers obstacles, les assiégés, enserrés dans un cercle de feu, abandonnèrent l'oasis et se rejetèrent dans le Ksar, laissant sur le terrain leurs blessés et leurs morts.

Le général eût pu facilement livrer l'assaut ; il s'en tint là cependant, certain d'avance que, la nuit portant conseil, les marocains se soumettraient. C'est ce qui eut lieu : à l'aube du jour, ils envoyèrent un de leurs chefs solliciter l'aman. La tribu s'engageait « à vivre « en amitié avec nos sahariens et à ne plus prêter son « appui aux entreprises des Sidi-Cheïkh. »

Ces promesses furent agréées, mais avec cette clause que les habitants d'Aïn-Chaïr devraient fournir deux cents sacs d'orge. En réalité, c'était peu : et pourtant, sur leurs supplications réitérées, cette contribution fut réduite de moitié. Les Marocains espéraient si peu en la générosité de leurs ennemis, qu'en envoyant le prix de leur rançon ils écrivaient au général :

« Vous nous avez fait du bien en cédant à nos « prières ; voici notre orge que nous vous versons au « complet. Nous sommes à vos ordres. Nous vous en-« voyons notre père et notre cheikh, le Cadi ; *Nous*

« *acceptons tout ce que vous ferez avec lui.* » — On
ne pouvait demander plus.

La soumissission des Beni-Guill et des Djérir com-
plétait celle des Douï-Menia ; le prestige qui environ-
nait la Confédération des Zegdou était à tout jamais
détruit et nos tribus du Sud, jusqu'alors hésitantes,
séparaient ouvertement leur cause de celle de Si-Kaddour. Heureux d'avoir atteint son but en ne contreve-
nant qu'à moitié aux ordres du Maréchal, du Ministre
et de l'Empereur, le général reprit sa route pour repas-
ser la frontière. Le 7 mai, la colonne était de retour à
Ben-Khelil, et chaque corps rejoignait ses campements.

Cette rapide expédition dans un pays complétement
ignoré eût, en temps ordinaire, attiré les faveurs du
gouvernement sur ceux qui l'avaient menée à bien, —
chefs et soldats. La campagne, en effet, avait été pénible, et les résultats obtenus ajoutaient une page glo-
rieuse à notre histoire militaire. Mais le général de
Wimpffen n'avait rien du courtisan : son caractère,
libre de toute dépendance, et sa rude franchise déplai-
saient aux Tuileries. Napoléon laissa dans l'ombre les
services rendus, et le seul témoignage de sollicitude
qui fut donné aux combattants d'El-Bahariat consista
dans l'envoi d'une dépêche ministérielle (1), dont j'ex-
trais ces quelques lignes :

« …. Vos succès ont produit ici le meilleur effet, écrivait le maréchal Le Bœuf au général de Wimpffen, et
je puis vous donner l'assurance que la sympathie la
plus grande y est attachée.

« Je prie M. le Maréchal de Mac-Mahon de vous faire

____

(1) *Cabinet du Ministre.* - Lettre du 15 mai 1870.

parvenir officiellement mes félicitations sur la manière dont vous avez conduit vos opérations, mais c'est avec plaisir que je vous exprime ici, d'une manière plus intime et plus directe, toute ma satisfaction. »

Et ce fut tout. — Hâtons-nous de dire que l'opinion publique, tant à l'Étranger qu'en France, se montra plus juste : les journaux de Paris et de Londres, qui avaient suivi avec une attention soutenue la marche de la colonne, se plurent à rendre hommage à la valeur de nos troupes, et la Société de Géographie de Paris, qui voyait enfin s'ouvrir la route du Soudan, adressa au Commandant en chef de l'expédition une lettre des plus élogieuses.

IV

Aussi bien la soumission des Zegdou, en la supposant sincère et durable, nous permettait de nouer à bref délai, — on pouvait le croire, — des relations commerciales entre l'Algérie et les populations du Sud, et de gagner de proche en proche le pays des Noirs. Pour atteindre ce but, objet de ses préoccupations les plus vives, M. de Wimpffen entoura de soins particuliers les chefs des Douï-Menia qu'il avait sous la main, et il s'efforça de les ramener à nous en les mettant à même d'apprécier la puissance de nos moyens d'action, l'état de nos établissements et les ressources d'une civilisation dont ils n'avaient aucune idée.

Il leur fit donc visiter, en compagnie d'un interprète, les batteries et les forts de la côte, les ports, les chantiers des travaux publics, l'hôpital militaire et le polygône, où ils assistèrent aux exercices de l'artillerie. Quand ils eurent tout vu, tout examiné : casernes, arsenaux et matériel de guerre, on les mit en contact avec les Européens; à Saint-Denis-du-Sig, où ils furent conduits en chemin de fer, on leur montra des usines en pleine activité, le barrage-réservoir et les exploitations agricoles les plus importantes.

Un pareil spectacle devait les émouvoir. Désormais convaincus qu'entre eux et nous la lutte était absolument impossible, ils demandèrent à être renvoyés dans l'Oued-Guir, où ils retourneraient, disaient-ils, en amis de la France et en messagers de paix.

Le Gouverneur général pensa, avec M. de Wimpffen, qu'il était de notre intérêt de leur rendre la liberté, et il autorisa leur rapatriement. — Chacun d'eux reçut, au nom du Maréchal, un présent auquel s'attachait le souvenir de ce qu'il avait vu pendant son séjour à Oran. Et tous, au moment du départ (17 juin), demandèrent qu'un document authentique sanctionnât les engagements qu'ils allaient prendre et les promesses qui leur étaient faites. Cette *Note*, sorte de convention que signa M. de Wimpffen, était ainsi conçue :

« Les Chefs Douï-Menia réunis à Oran s'engagent, au nom de leur Djemaâs, vis-à-vis du Commandant de la province :

« 1° A ne plus prendre les armes contre les tribus soumises aux Français ;

« 2° A imposer la même obligation aux Ahmours et aux Oulad Djérir ;

« 3° A contenir les Beni-Guill, en les menaçant au besoin de leur courir sus, dans le cas où, nonobstant leurs avis et leurs conseils, ils accompliraient, soit par eux-mêmes, soit en se joignant à d'autres, des incursions contre les populations de la province d'Oran ;

« 4° A interdire l'accès de leur territoire à Si Kaddour ben Hamza et à ses bandes;

« 5° Enfin, à tenir fréquemment le commandant de la subdivision de Tlemcen au courant de tous les événements qui se produiront de leur côté.

« En échange de ces engagements, les Français promettent l'oubli complet du passé, aux Douï-Menia et à tous ceux qui adhéreront aux intentions de paix qu'ils ont formellement exprimées. Ils les assurent contre les excursions des Hamyan et leur accordent pleine liberté, avec garantie de pleine sécurité, pour venir commercer dans le pays soumis à la France. Exceptionnellement, et jusqu'à ce que de nouvelles dispositions aient été prises, les gens des Douï-Menia jouiront du privilège d'être affranchis du paiement de toute espèce de droits de douane, quand ils se présenteront porteurs d'une lettre de leur chef, constatant leur origine.»

Le gouvernement marocain fut officiellement informé des faits que nous venons de relater, et il se tint pour satisfait. Le Vizir déclara même à notre Ministre plénipotentiaire que cette communication serait accueillie avec la plus grande satisfaction par la Cour du Maroc, « qui aurait ainsi une nouvelle preuve de ses bonnes « relations avec la France, auxquelles Sidi Mohamed « attachait le plus grand prix. »

De sourdes rumeurs circulaient, cependant, parmi les Sahariens et les tribus voisines du Tell : on disait que les Zegdou, prenant l'offensive, se préparaient à envahir les Hauts-Plateaux et à ruiner tout le pays. On connut bientôt les causes de cette panique, et les inquiétudes cessèrent. — Voici ce qui s'était passé :

Peu de jours après le combat de Bahariat, les Brabers et les Douï-Menia s'étaient réunis sur l'Oued-Guir, en vue de recomposer leurs contingents et de parer aux éventualités d'une nouvelle invasion. Les chefs des Djemaâs avaient fait ressortir les avantages qu'assurait à la Confédération l'union intime de tous les sofs, et ils s'étaient engagés par serment à se prêter un appui réciproque, dans le cas où les Chrétiens reparaîtraient chez eux. — Mais il avait été également convenu entre les parties qu'aucune tribu, ou fraction de tribu, ne prendrait part, sous quelque motif que ce fût, à une attaque contre les indigènes soumis à la France, et qu'on sévirait avec la dernière rigueur contre tous individus dont les agissements nous fourniraient un prétexte pour franchir la frontière.

Si Kaddour et Si Ben-Taïeb assistaient à cette réunion : ils essayèrent l'un et l'autre de ranimer les fureurs religieuses de leurs anciens alliés, mais on leur déclara tout net qu'il ne leur serait désormais fourni ni un homme ni un cheval, et qu'on les expulserait de la contrée s'ils y provoquaient le moindre désordre.

La mise en liberté des ôtages acheva de ruiner dans l'esprit des Douï-Menia le crédit des Sidi-Cheïkh. Ceux d'entre eux qui avaient visité nos arsenaux et vu manœuvrer nos troupes n'hésitèrent point à dire aux jeunes hommes et aux vieillards qu'ils n'étaient ni assez nombreux ni assez bien armés pour recommencer la guerre, et ils firent comprendre, même aux plus exaltés, que toute agression de leur part livrerait le pays à une épouvantable dévastation. Leurs conseils furent écoutés.

V

Le plus ordinairement, dès que nos colonnes avaient quitté le territoire sur lequel elles avaient dompté l'insurrection, un marabout se disant l'Élu de Dieu accourait, on ne sait d'où, prêchait la guerre sainte et, suivi de quelques milliers de fanatiques, entreprenait une nouvelle campagne : achevée sur un point, la lutte reprenait sur un autre. — L'expédition de l'Oued-Guir eut le double résultat de comprimer en peu de jours la haine implacable de populations à demi-barbares, et d'imprimer à ces populations une telle idée de leur impuissance que toutes renoncèrent, momentanément du moins, à l'espoir d'une revanche. On en eut bientôt la preuve :

Dix mois s'étaient à peine écoulés depuis notre incursion dans le Maroc, que l'Algérie se trouvait aux prises avec une formidable insurrection. Vingt mille Kabyles, soulevés par Mokrani et par Cheïkh El-Haddad descendaient de leurs montagnes, incendiaient les fermes, égorgeaient les campagnards et venaient assiéger nos garnisons. Dans la province d'Alger et dans celle de Constantine, toutes les tribus, à de rares exceptions près, étaient en pleine révolte et chaque jour, — nous pourrions dire chaque heure, — ajoutait une ruine nouvelle aux ruines si brusquement amoncelées.

Certes, l'occasion était favorable aux Oulad-Sidi-Cheïkh pour tenter encore une fois le sort des armes et se jeter sur la province d'Oran, qu'ils savaient être à peu près dépourvue de troupes. Mais il leur fallait des auxiliaires, et ce fut précisément ce qui leur manqua. Ni les Djérir, ni les Douï-Menia, ni les Ahmour ne voulurent les suivre, tant le souvenir de la journée d'El-Bahariat était encore vivace au milieu d'eux.

C'est ainsi que dans l'Ouest, du littoral à l'extrême Sud, pas un douar ne fit défection, et que la province d'Oran échappa, contre toute attente, aux horreurs d'une guerre qui mit un moment en péril l'existence de la colonie.

Cela seul donne la juste mesure des services qu'à rendus à l'Algérie cette petite colonne de 3.000 hommes dont nous venons de raconter l'odyssée. Conduite par un chef énergique et rompu de longue main à la politique des arabes, elle est allée, à près de deux cents lieues des côtes, planter le drapeau de la France au sommet des dunes derrière lesquelles vit une population belliqueuse ; et il a suffi de son rapide passage dans ce pays pour que, à l'heure d'un soulèvement presque général, les tribus marocaines si promptes à faire « parler la poudre » gardâssent une stricte neutralité....

Nous sommes donc en droit de dire qu'aucune expédition n'a été plus utile, ni mieux justifiée, et qu'elle place M. de Wimpffen au nombre des généraux dont le nom est étroitement lié à notre Histoire d'Afrique.

De Ben-Khelil à El-Bahariat

JOURS D'ARRIVÉE	NOMS des BIVOUACS	Distance parcourue	Altitude	OBSERVATIONS

Le 29, départ de Ben-Khelil

Mars.		Kil.	Mètres	
29	Taou:sara.........	24	1.260	2 sources. 1 lit. d'eau par seconde
30	Oum-Zemri	24	1.316	Sans eau.
31	Oulakak.	34	1.242	Eau abondante et de bonne qualité.
Avril.				
1er	Oued-El-Achiche .	18	1.282	Sans eau.
2	Souf-El-Kesser	16	1.165	»
3	El-Mediourat......	21	1.153	Sans eau.
4	Aïn-Defla	25	1.159	Eau abondante et de bonne qualité.
5	Hassi-Badda.......	37	1.032	Sans eau ; 1 puits aux environs.
6	Mengoub..........	20	987	12 puits.
7	El-Morra.	33	920	Sources.
8	Bou-Khaïs	8	863	Eau abondante. — Ksar abandonné.
9	Oum-Es-Sbah......	25	840	Sans eau.
10	Kenadsa...........	20	760	»
11	Djerf-El-Torba.....	31	700	Vue de l'Oued-Guir.
12	Kreneg-ben-Nouna	24	500	Sans eau. — Sources aux environs.
13	El-Bahariat........	32	429	»

Distance parcourue

D'Oran à Aïn-ben-Khelil......　320 kil.

De Ben-Khelil à El-Bahariat...　392　—

Soit.........　712 kilom. ou 178 lieues.

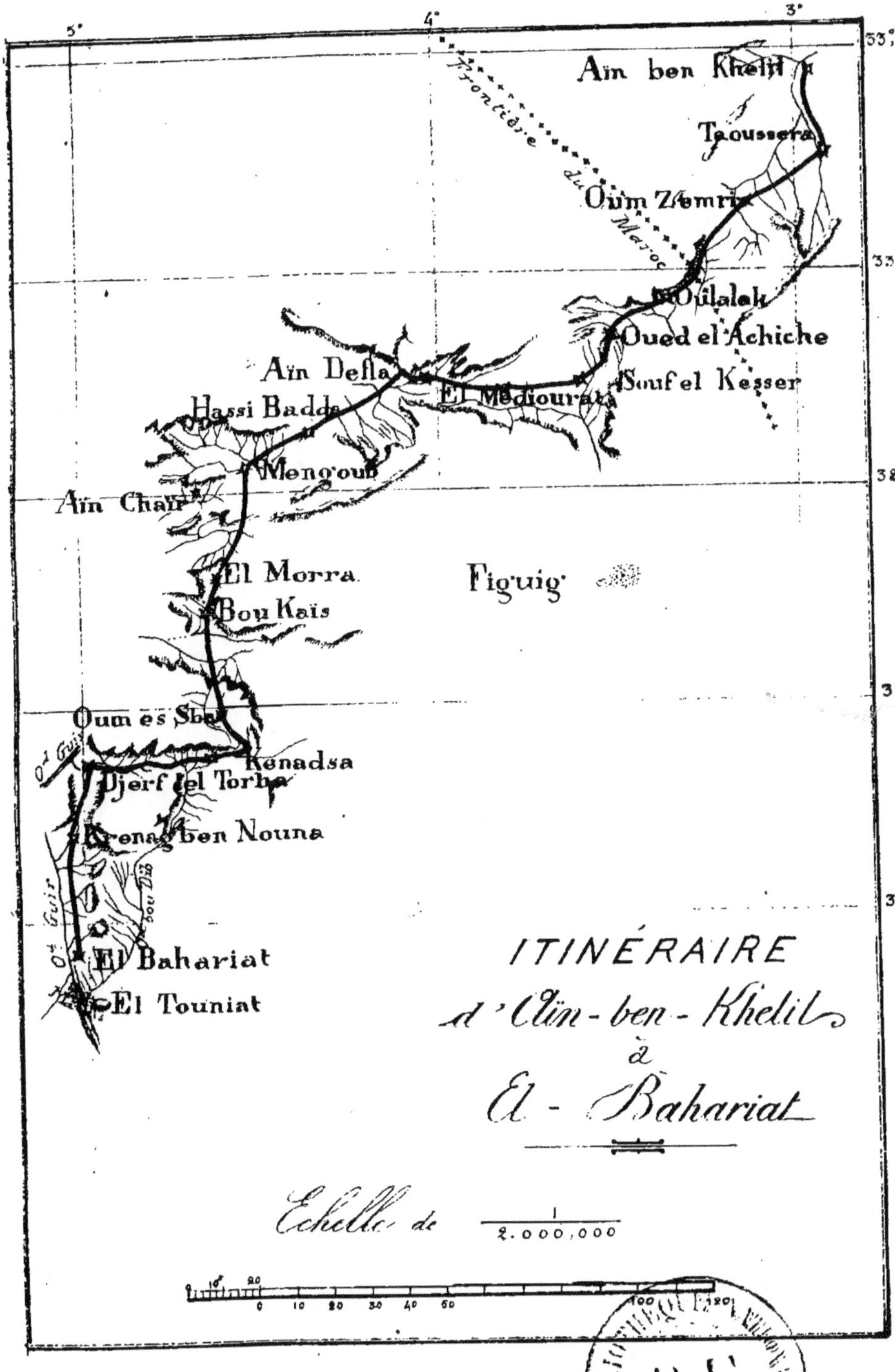

5°
4°
3°
33°30
Aïn ben Khelil
Taoussera
Oum Zemri
Frontière du Maroc
33°
Oulalak
Oued el Achiche
Souf el Kesser
Aïn Defla
Hassi Badda
El Mediourat
Meng'oub
32°50'
Aïn Chair
El Morra
Figuig
Bou Kaïs
32°
Oum es Sba
Od Guir
Kenadsa
Djerf el Torba
Krenag ben Nouna
Bou Dib
31°30'
Od Guir
El Bahariat
El Touniat
ITINÉRAIRE
d'Aïn-ben-Khelil
à
El-Bahariat
Echelle de 1/2.000.000
10 20
0 10 20 30 40 50 100 120

160